D0725284

Le Voisin maléfique

Mario Houle

Le Voisin maléfique

Boréal

Les Éditions du Boréal sont inscrites au Programme de subvention globale
du Conseil des Arts du Canada et reçoivent l'appui de la SODEC.

Maquette de la couverture : Gianni Caccia
Illustrations : Hervé Blondon

Diffusion au Canada : Dimedia
Distribution et diffusion en Europe : Les Éditions du Seuil

Données de catalogage avant publication (Canada)
Houle, Mario, 1966-

   Le Voisin maléfique

   (Boréal junior ; 41)

   Pour les jeunes de 10 à 12 ans.

   ISBN 2-89052-725-5

   I. Blondin, Hervé. II. Titre. III. Collection.

PS8565.O9V64 1995   jC843' .54   C95-941363-4
PS9565.O9V64 1995
PZ23.H68Vo 1995

À France.

1

L'ARRIVÉE
DES CORMIER

En général, on ne choisit pas ses voisins. Le hasard s'en occupe. Pour ma part, je me considère plutôt chanceux. J'habite juste à côté de monsieur Laforge, mon professeur préféré, le seul qui soit capable de retenir mon attention pendant plus de dix minutes dans un cours! Chaque été, il profite de ses vacances pour partir à l'aventure. Il a fait le tour du monde plusieurs fois, et ses cours de géographie regorgent d'anecdotes incroyables. Un jour, je voyagerai moi aussi. Je rêve de voir l'Australie et la Nouvelle-Zélande!

Comme chaque année, monsieur Laforge a réussi à louer sa propriété. Il a confié à ma mère le soin d'accueillir les nouveaux locataires. Puis, l'esprit tranquille, il s'est envolé vers la Bolivie. Évidemment, il ne se doutait pas du danger auquel il nous exposait. Par sa faute, j'ai vécu l'expérience la plus étrange de mon existence...

Tout a commencé quand les Cormier sont arrivés. C'était un matin du mois de juin. La lumière inondait ma chambre depuis au moins une heure. Le soleil et moi n'avons pas les mêmes habitudes. L'été, il se lève tôt. Moi, je me lève tard. Éliane, ma mère, est venue me réveiller. Elle insistait pour que je l'accompagne chez nos nouveaux voisins, histoire de leur souhaiter la bienvenue. J'ai toujours détesté ce genre de convention. Surtout à 6 heures du matin.

– Allez, viens, Simon. Ils ont probablement roulé toute la nuit. Ils arrivent de Val-d'Or, en Abitibi. Je dois leur remettre les clés. Ne les faisons pas attendre, a-t-elle ajouté d'un ton décidé.

J'aurais bien aimé somnoler encore un peu et saluer les Cormier plus tard. Inutile d'y penser. Quand ma mère prend ce ton affirmatif, je sais que les négociations ne servent à rien.

Je me suis donc levé, malgré le sommeil qui alourdissait ma tête. J'ai marché jusqu'à la salle de bains pour m'asperger le visage d'eau froide. Je me sentais comme un de ces zombis qu'on voit dans les films d'horreur.

Cinq minutes plus tard, nous arrivions chez monsieur Laforge.

– Bonjour, je m'appelle Éliane Martineau, et voici mon fils, Simon. Nous habitons la maison voisine.

– Bonjour! On m'a rapporté que les gens de Québec se levaient tôt. Je constate qu'on ne m'a pas menti!

Très drôle, ce monsieur Cormier. J'aurais juré qu'il avait inventé ça pour me narguer. Il me regardait d'un air amusé. Puis il a mis son bras autour des épaules de la femme qui se tenait près de lui.

– Je suis Bernard Cormier. Je vous présente mon épouse, Catherine. Ne vous étonnez pas si elle ne parle pas beaucoup, elle est muette.

Au moment où il a fait allusion à son handicap, madame Cormier a baissé les yeux. Elle était visiblement mal à l'aise. Pendant quelques secondes, personne n'a ouvert la bouche. C'est à ce moment qu'un jeune garçon a fait son apparition en courant.

– Papa! Papa! Dans la cour, en arrière, il y a des framboisiers! Nous pourrons man...

Il s'est tu brusquement en nous apercevant. Monsieur Cormier lui a demandé de s'approcher et nous l'a présenté :

– Martin est le sportif de la famille. Il ne se repose jamais!

Le garçon portait une salopette, une chemise à carreaux et des espadrilles. Il avait les cheveux blonds, et une mèche rebelle flottait au-dessus de sa tête. En le voyant, une image s'est tout de suite formée dans mon esprit : il ressemblait à Denis la petite peste. Évidemment, j'ai gardé cette réflexion pour moi.

– Bon, je dois partir, a dit Éliane. Je vais vous donner les clés de la maison.

Tout en parlant, elle a fouillé dans son sac, mais ne les a pas trouvées.

– Dans la poche de votre pantalon, a suggéré Martin.

Il avait dit cela machinalement, comme s'il était naturel qu'il sache où se trouvait le trousseau de clés. Ma mère a dû croire qu'il plaisantait et elle lui a répondu par un sourire. Mais son sourire s'est rapidement estompé lorsqu'elle a compris que le garçon disait vrai. Comment avait-il deviné? Seul Superman peut voir à travers les objets. Il s'agissait probablement d'un coup de chance.

Éliane a ouvert la porte de la maison et tout le monde est entré. Monsieur Cormier avançait en boitant. À chaque pas, son visage se crispait, comme s'il marchait sur des braises.

– Vous avez mal à la jambe? s'est inquiétée Éliane.

– En effet. Je me suis foulé la cheville pendant une randonnée pédestre. Mais ça va déjà beaucoup mieux.

– Vous avez trouvé une façon originale de commencer vos vacances !

Ma mère avait lancé cela pour détendre l'atmosphère. Belle tentative ! Monsieur Cormier est demeuré aussi sérieux qu'un directeur d'école. Son entorse devait lui faire drôlement mal. À sa place, je serais allé chez le médecin.

– Alors, voilà ! S'il vous manque quelque chose, n'hésitez surtout pas à me le signaler. Et bon séjour à Québec !

– Votre gentillesse me touche, a répondu monsieur Cormier.

Éliane lui a remis les clés et a salué toute la famille une dernière fois. Notre visite tirait à sa fin, et je songeais sérieusement à retourner au lit. Après tout, il faut bien profiter de ses vacances !

Au moment où nous nous apprêtions à quitter les lieux, Martin m'a adressé la parole :

– Simon, j'aimerais bien que tu me fasses visiter les environs.

Cette requête m'a un peu étonné. J'ai fait semblant de réfléchir en me frottant le menton.

– Pas de problème! Cet après-midi, je vais te présenter mon ami Frédéric. Nous irons faire une promenade tous les trois. Qu'est-ce que tu en dis?

– Parfait! Je vous attendrai après dîner.

Ma proposition a vraiment semblé l'intéresser. L'idée de se faire des amis aussi rapidement devait lui plaire. Mais quelque chose m'agaçait et je n'arrivais pas à mettre le doigt dessus. Je suis retourné me coucher, et cette question m'a trituré l'esprit pendant plus d'une heure. Pas moyen de fermer l'œil. Puis un déclic s'est produit dans ma tête : j'ai enfin compris ce qui me tracassait. Éliane m'avait présenté aux Cormier bien avant l'arrivée de leur fils. Alors, comment Martin avait-il appris mon nom?

2 DES ÉVÉNEMENTS ÉTRANGES

FRÉDÉRIC A MONTRÉ le bout de son nez au début de l'après-midi. Il est entré sans cogner. Comme d'habitude, son chien Arthus l'accompagnait. C'est un magnifique épagneul breton. L'obéissance ne l'étouffe pas, mais il a bon caractère. J'ai souvent essayé de lui montrer à rapporter la balle. Rien à faire. Il s'en empare et refuse de me la donner. Selon Frédéric, il n'est pas assez futé pour comprendre ce que j'attends de lui. Moi, je crois qu'il le sous-estime. La preuve : ce chien fait le mort de façon impeccable. Et sur commande ! J'ai plutôt l'impression qu'il préfère dicter lui-même les règles du jeu.

– Salut, Fred ! Tu as l'air en pleine forme.

– Comme tous les lundis, je déborde d'énergie !

Ça peut sembler un peu curieux que quelqu'un aime les lundis, mais Fred a une excellente raison. L'été, il travaille au casse-croûte Chez Roméo. Il épluche les patates à une vitesse vertigineuse! Pour lui, la fin de semaine commence le lundi.

J'étais content de voir mon ami. J'avais hâte de lui parler des Cormier. Je lui ai raconté ce qui s'était passé dans la matinée. Assis sur la première marche de l'escalier, il faisait tinter distraitement des pièces de monnaie dans le creux de sa main. Mon histoire n'avait pas l'air de l'impressionner.

– Tu crois vraiment que Martin fait de la télépathie?

– Autrement, comment expliquer qu'il connaissait mon nom?

– Pourquoi faut-il toujours que tu compliques les choses? Monsieur Laforge lui a probablement parlé de toi.

– Tu marques un point. Je n'avais pas pensé à ça.

Je connais Frédéric depuis des années, et son scepticisme m'a toujours irrité. Sans preuve tangible, impossible de lui faire avaler une histoire. L'année dernière, j'ai réussi à battre Pierre Larouche aux échecs. Ce gars-là est tellement intelligent que tout le monde l'appelle Pierre Larousse. Il gagne le tournoi régional d'échecs tous les ans. Eh bien, j'ai eu beau jurer sur la tête de ma mère, Fred n'a jamais voulu croire à ma victoire. Quelle frustration!

Comme promis, nous sommes sortis retrouver Martin. L'après-midi s'annonçait splendide : aucun nuage à l'horizon. Au moment où nous longions la haie de cèdres qui sépare les deux terrains, j'ai entendu la voix d'une femme. Le doigt sur la bouche, j'ai fait signe à Frédéric de garder le silence. De toute évidence, la femme qui se trouvait là souffrait énormément. Nous avons prêté l'oreille quelques instants. Elle implorait pardon à quelqu'un. Sans desserrer les dents, j'ai lancé un regard vers mon ami. Celui-ci a hoché la tête d'un air abasourdi. J'ai alors écarté quelques branches pour jeter un coup d'œil de l'autre côté. Nous avons assisté à un spectacle des plus insolites. Première surprise : il s'agissait de madame Cormier. Et moi qui la croyais muette ! Plus étonnant encore, je ne voyais aucun interlocuteur avec elle. Elle était seule.

– Par pitié, laissez-nous vivre en paix, mademoiselle Pelé. Je vous en conjure ! Notre supplice a suffisamment duré. Nous sommes innocents. Nous ne pouvions pas savoir !

On aurait dit qu'elle s'entretenait avec une personne invisible. Elle semblait prise de panique, la sueur perlait sur son visage.

– Cette femme délire ! a murmuré Frédéric. Elle entend sûrement des voix. Ça ne tourne pas rond dans sa tête.

– Folle ou pas, quelque chose la tourmente. Je trouve sincèrement qu'elle fait pitié.

Avant que Frédéric ait pu le retenir, Arthus s'est mis à japper en s'élançant vers madame Cormier. Nous sommes sortis de notre cachette afin de le rattraper. Mais le chien courait maintenant dans toutes les directions. Au prix de quelques acrobaties, Fred a réussi à l'agripper par le collier. L'animal, haletant, a mis quelques minutes pour se calmer.

Quant à madame Cormier, elle semblait avoir retrouvé son état normal. Elle nous regardait en souriant, muette de nouveau, comme si rien ne s'était passé.

– Ah! Salut les gars! a crié Martin, du haut du perron qui surplombait l'arrière-cour.

Cette intervention a créé une diversion qui nous a sortis de l'embarras. Martin a dévalé l'escalier quatre à quatre. Sa mère en a profité pour s'esquiver. Elle s'est dirigée vers une corde à linge et s'est affairée à étendre les vêtements humides qui avaient patienté tout ce temps au fond d'une corbeille d'osier.

– Écoutez... Je sais que ma mère peut vous paraître bizarre... Heu... Elle a des problèmes ces temps-ci...

Martin aurait aimé nous rassurer, mais sa maladresse trahissait sa propre insécurité.

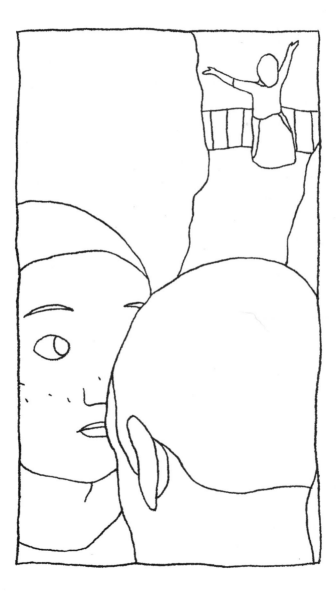

Manifestement, il était lui-même dépassé par les événements. Il nous a avoué que sa famille vivait une période difficile. Il a même parlé d'un rendez-vous chez le médecin, prévu pour le jeudi matin.

Fred et moi n'avons pas posé de question. Je ne savais trop quoi penser. En fait, j'étais trop bouleversé pour remuer ma matière grise. Martin insistait pour qu'on fasse la promenade prévue. C'était peut-être la meilleure façon de se changer les idées.

– Frédéric et moi, on a construit une cabane dans un arbre. Tu veux la voir ?

– Génial ! s'est enflammé Martin en sautillant.

– Mais tu ne dois parler à personne de notre repère, a exigé Frédéric.

– Je vous le promets !

Nous avons emprunté le sentier qui reliait l'arrière-cour de notre maison à un petit bosquet près duquel se trouvait notre repère. Arthus a pris les devants. Il connaissait le chemin sur le bout de ses pattes.

– Tu aimes les framboises ? ai-je demandé à Martin.

– Je les adore ! Je vous envie d'avoir des framboisiers tout près de la maison. J'ai bien l'intention de m'empiffrer jusqu'à en être malade !

Il avait l'air tellement enchanté que j'ai hésité avant de le ramener sur terre.

– Vous restez combien de temps à Québec?

Il a fermé les yeux quelques secondes et a répondu :

– Environ deux semaines. Pourquoi?

– Je ne veux pas te faire de peine, mais nous sommes le 27 juin et, ici, les framboises ne mûrissent qu'à la fin du mois de juillet.

– Tu penses?

– Absolument!

Je n'aime pas tellement qu'on mette mes paroles en doute. Je ne m'entête pas quand je ne suis pas sûr de ce que j'avance. Mais j'habite la région de Québec depuis ma naissance et je sais à quelle période on peut cueillir des framboises!

– Wow! La cabane! s'est exclamé Martin en apercevant notre repère juché dans un érable, à plusieurs mètres du sol.

Frédéric et moi avions travaillé trois longues semaines pour construire cette cabane. Il avait fallu monter chaque planche une à une. Il ne nous restait que la peinture à faire. J'étais particulièrement fier du résultat. Nous avions fixé une pancarte sur laquelle on pouvait lire :

PROPRIÉTÉ PRIVÉE
DÉFENSE DE MONTER

– Si tu veux, on peut te faire visiter.

Sans attendre sa réponse, Fred a commencé à grimper en se servant des lattes de bois clouées sur le tronc de l'érable. Je suis monté derrière lui. Martin ne parlait pas, mais je savais qu'il nous observait. Fred n'a pu résister à l'envie de le provoquer.

– Allez, monte ! Tu as peur ?

Martin n'a pas mis beaucoup de temps à nous rejoindre. Il s'est installé en face de moi et s'est mis à examiner l'intérieur de la cabane. À ce moment, j'ai remarqué qu'il mangeait quelque chose.

– Veux-tu une framboise ? m'a-t-il demandé en voyant mon air ahuri.

J'avais la gorge nouée et j'ai dû avaler ma salive avant de riposter :

– Où as-tu trouvé ces framboises ?

– En bas.

Il avait répondu à ma question avec nonchalance, comme si je lui avais demandé l'heure. Je me suis étiré pour jeter un coup d'œil par le trou qui faisait office de fenêtre. Assis près de l'arbre, Arthus nous attendait sagement.

J'ai scruté les environs avec circonspection. Mon regard a balayé lentement l'horizon et s'est arrêté sur les framboisiers qui se trouvaient près du bosquet. J'ai cru m'évanouir. J'ai cligné des yeux à deux ou trois reprises pour être sûr de ne pas me tromper. Hélas, j'avais bien vu. Les arbustes regorgeaient de fruits bien mûrs.

Mon visage est probablement devenu blanc comme neige, car Frédéric s'est inquiété :

– Ça va, Simon ?

Complètement paralysé, j'avais perdu l'usage de mes cordes vocales. Fred n'a pas insisté et est descendu pour examiner les framboisiers de plus près. Je ne savais pas comment Martin avait réussi ce tour de magie, mais une chose devenait de plus en plus claire : ce garçon possédait des pouvoirs surnaturels ! Il est vrai que, certaines années, les framboises mûrissent précocement. Mais un mois d'avance, cela relève du miracle !

Après avoir maîtrisé mes émotions, je suis retourné m'asseoir devant lui. Il me fallait des explications. Martin m'observait en fronçant les sourcils, comme si mon comportement l'avait intrigué.

– Comment as-tu réussi à faire ça ?

– À faire quoi?

– Les framboises... C'est toi qui les as fait mûrir?

– Bien sûr que non! Je les ai cueillies, c'est tout.

Jamais il n'a voulu avouer quoi que ce soit. Et il avait l'air sincère.

3
UNE PIERRE
TRÈS PRÉCIEUSE

ON S'ÉTAIT DONNÉ RENDEZ-VOUS mardi matin. Rien ne manquait : peinture, pinceaux et guenilles. Le plus compliqué avait été de choisir les couleurs. Même si Frédéric est mon meilleur ami, nos goûts divergent souvent. Heureusement, sa sœur nous avait aidés à trancher la question. Elle est reconnue pour son talent de décoratrice.

J'ai enfilé mon plus vieux pantalon et un t-shirt qui avait rétréci dans la sécheuse. Idéal pour ceux qui aiment mettre leur nombril en évidence. J'attendais Frédéric dans la remise. Je regardais les chaises de camping enchevêtrées dans le filet de badminton et les outils éparpillés un peu partout. Un vrai champ de bataille, ce débarras, comme dirait ma mère.

Tout à coup, tel un ouragan, Arthus est entré pour m'annoncer l'arrivée de Frédéric. Fidèle à lui-même, il est venu me dire bonjour en m'enduisant le visage de salive. Puis, il s'est assis devant moi dans l'espoir d'obtenir quelques caresses. Il avait croisé ses pattes de devant. Cette habitude fait de lui un animal unique. Certains chiens se croisent les pattes lorsqu'ils sont couchés, mais Arthus le fait en position assise. D'ailleurs, cette particularité a toujours suscité la fierté de son maître !

La tête de mon ami s'est pointée dans l'embrasure de la porte. Son regard camouflé derrière une paire de lunettes fumées lui donnait un air de vedette de rock.

– Je suis prêt, m'a-t-il annoncé solennellement en exécutant un salut militaire caricatural.

Il exhibait un sourire qui en disait long sur son humeur. Je n'ai pu m'empêcher de pouffer de rire. Fred réussit toujours à me réchauffer le cœur, même dans les pires moments. Il a toujours une histoire pour me faire rigoler.

Nous avons emprunté le sentier menant à notre repère. J'ai gardé le silence durant tout le trajet. L'atmosphère me pesait sur les épaules. Fred savait très bien que les événements de la veille me tracassaient. Certains n'hésiteraient pas à me qualifier de mauviette, mais toutes ces histoires me donnaient la chair de poule. Un gars qui fait pousser des framboises au mois de juin, et une femme muette qui parle quand elle est seule... On ne rencontre pas ça tous les jours !

Je marchais derrière Frédéric. Le regard rivé au sol, j'essayais de l'imiter en posant les pieds dans les traces laissées par ses souliers. Pas facile, vu la grandeur de mon ami. À douze ans, il mesure près de un mètre quatre-vingts. Pendant ce temps, Arthus avait pris une bonne avance. Nous approchions du repère quand il s'est mis à japper. La plupart du temps, cet épagneul aboie quand il flaire une présence. Comme son odorat le trompe rarement, je commençais à me poser des questions. Une sensation désagréable m'envahissait peu à peu. J'avais l'impression d'être dépassé par la situation. Tout pouvait arriver...

– Martin Cormier ! s'est exclamé Frédéric, en montrant du doigt la cabane qui venait d'apparaître au bout du chemin.

Une décharge d'adrénaline a envahi ma poitrine, forçant mon cœur à accélérer son rythme. Je pensais qu'il aurait été préférable de faire demi-tour, mais je n'ai pas osé le proposer à Frédéric. De toute évidence, il ne partageait pas mon appréhension. La présence de Martin avait piqué sa curiosité.

Le garçon se tenait au pied de l'arbre, penché sur sa collection de pierres. Celle-ci avait été étalée sur l'herbe avec soin. Il examinait minutieusement certaines de ses pièces avec une loupe. Il consultait régulièrement un gros bouquin intitulé *L'Identification des minéraux*. Je dois avouer que son attirail m'a impressionné. Il y en avait de toutes les couleurs. Plusieurs étaient classées et identifiées, d'autres s'amoncelaient dans de vieux pots de crème glacée.

– Belle collection! s'est extasié Frédéric en s'approchant.

– Merci... Je passe beaucoup de temps à m'en occuper.

– Ma sœur jubilerait en voyant ça. Elle ramasse des cailloux depuis qu'elle a suivi un cours de géologie l'année dernière.

– Vraiment? Elle en a beaucoup?

– Pas plus d'une vingtaine. Sa collection est bien pauvre à côté de la tienne!

Fred s'est accroupi pour prendre une pierre qui avait attiré son attention. Il s'est tourné vers moi pour me la montrer.

– As-tu vu celle-là, Simon?

Il s'agissait d'une pierre magnifique. Il la faisait tourner entre ses doigts et l'examinait avec émerveillement. On aurait dit un joaillier venant de dégoter un rubis d'une valeur inestimable. Les rayons du soleil se taillaient un

chemin dans la transparence rougeâtre de ce joyau qui semblait avoir hypnotisé Frédéric.

– Mais où as-tu déniché cette… Hé! Reviens ici, Arthus!

Rapide comme l'éclair, le chien s'était emparé du plus beau caillou de la collection. Martin s'est levé et s'est mis à gesticuler nerveusement. Fred courait derrière Arthus qui s'amusait comme un vrai fou. Avec mon aide, il a réussi à attraper le chien. L'animal a finalement laissé tomber la pierre sur le sol.

– Méchant chien! Tu n'es pas gentil!

Frédéric avait pris sa grosse voix pour le réprimander. Arthus s'est assis près de lui, les pattes de devant croisées. Il avait la gueule ouverte et laissait pendre sa langue sur le côté. Contrairement à Martin, la situation le laissait complètement indifférent.

Embarrassé, Fred a pris la pierre et l'a essuyée avec son gilet. Il l'a ensuite remise à son propriétaire. Les excuses sortaient de la bouche de mon compagnon comme les élèves se ruent hors de l'école au son de la cloche. Malheureusement, Arthus avait égratigné le caillou… Martin ne s'est pas offusqué et a simplement dit :

– Ne t'en fais pas, Frédéric. Ce n'est pas ta faute. Je ne me fâche pas pour si peu. De toute façon, il ne s'agit que d'un minerai sans valeur, a-t-il ajouté dans l'espoir de déculpabiliser mon ami.

Cette dernière réplique, quoique surprenante, a eu l'effet escompté. Fred a recommencé à respirer.

– Je m'en voudrai longtemps! a-t-il ronchonné en se mordillant la lèvre inférieure.

Martin a fait mine de ne pas entendre. Il s'affairait à ramasser ses pierres précieuses. J'aurais pu lui offrir mon aide, mais je ne m'y suis pas aventuré. Il semblait tellement attaché à sa collection!

En quelques secondes, la panoplie de minéraux s'est retrouvée bien rangée au fond d'une grosse boîte de carton. Le géologue en herbe s'apprêtait à partir.

– Tu peux rester, Martin. Nous sommes venus peinturer la cabane.

Il n'a pas ouvert la bouche. Au fond, j'espérais qu'il ne s'attarde pas. Il s'est redressé en tenant sa boîte sous l'aisselle. Il nous a salués en répétant à Frédéric de ne pas se ronger les sangs. Puis, il a tourné les talons pour enfin disparaître dans les hautes herbes qui embrassaient le sentier de terre battue.

Un long silence a suivi. Fred m'a regardé, déconfit, comme si la pire des calamités venait de s'abattre sur lui.

– Je suis un imbécile. Un pauvre imbécile !

Il a ponctué ses paroles de grands coups de poing dans la paume de sa main. Je n'ai rien ajouté. Je connais Frédéric. Il a besoin de grogner un peu pour balayer sa frustration.

Il a retiré ses lunettes fumées pour mieux saisir mon regard.

– Gaston Lagaffe n'aurait pas fait pire ! Crois-tu que Martin mentait en affirmant qu'il n'était pas fâché ?

– Je ne sais pas, ai-je répondu en haussant les épaules. Ce gars-là ne m'inspire pas confiance, je te l'ai déjà dit.

4 LES MALHEURS DE FRÉDÉRIC

C E SOIR-LÀ, je suis rentré fatigué à la maison. Nous avions travaillé fort pour terminer la peinture avant le crépuscule.

Je me suis couché tôt, mais je ne parvenais pas à m'assoupir. Toutes sortes d'idées tourbillonnaient dans ma tête, comme des feuilles en automne. Qui était Martin Cormier? Possédait-il vraiment des pouvoirs surnaturels? Était-ce mon imagination qui me jouait des tours? Après tout, Frédéric avait peut-être raison. Il disait que je regardais trop la télévision. À force de gigoter comme un ver, j'ai fait tomber ma douillette sur le plancher.

Des bruits de pas ont interrompu mes pensées. La porte de la chambre s'est ouverte lentement, et la silhouette de ma mère est apparue dans l'embrasure.

– Simon? Dors-tu?

– Non!

Elle est entrée et s'est assise près de moi.

Elle portait une robe de nuit et ses cheveux étaient détachés.

– La mère de Frédéric vient de téléphoner, a murmuré Éliane.

– Elle voulait me parler?

Je sentais dans sa voix que madame Gauthier lui avait annoncé de mauvaises nouvelles. D'un geste empreint de tendresse, elle m'a caressé le visage. Puis elle a ramassé ma couverture et l'a replacée délicatement sur moi.

– Frédéric a été hospitalisé d'urgence.

À ces mots, mon sang s'est glacé dans mes veines. J'avais terriblement peur d'entendre la suite. Ma mère s'est empressée de me rassurer :

– Il n'a rien de grave. Il doit seulement être opéré de l'appendicite.

J'ai laissé échapper un long soupir de soulagement. Il ne s'agissait que d'une opération mineure. Avec les techniques médicales modernes, les cicatrices que laissent les instruments ressemblent à de petites taches de rousseur. Un de mes oncles m'a souvent montré les siennes avec fierté, comme un soldat exhibe ses blessures de guerre.

Éliane a proposé de m'accompagner à l'hôpital. Je savais que Frédéric serait content.

C'est toujours réconfortant de constater que nos amis ne nous abandonnent pas dans de telles circonstances.

Nous nous sommes rendus au chevet de Frédéric le lendemain matin. Il avait été opéré la veille à 22 heures. Il ne semblait pas trop mal en point. L'infirmière avait promis qu'il aurait congé dans cinq jours.

– La chance lui a souri, a-t-elle déclaré en regardant monsieur Gauthier.

Ce dernier avait l'air épuisé. J'ai eu l'impression qu'il ne s'était pas reposé beaucoup la nuit précédente.

– Pourquoi dites-vous cela ? a-t-il demandé à l'infirmière.

– Le docteur Boisvert n'avait jamais vu une appendicite évoluer aussi rapidement. L'opération aurait pu se compliquer... Mais soyez sans crainte, il n'y a plus aucun danger.

Cette dernière remarque avait apaisé toute la famille. Pour ma part, je n'étais pas rassuré du tout. Martin Cormier avait-il délibérément provoqué le malheur de Frédéric ? Je savais que cette hypothèse frôlait la folie, mais je persistais à croire que ce garçon possédait des pouvoirs spéciaux. Il avait deviné mon nom. Il avait fait mûrir des framboises en plein mois de juin. Et maintenant, il s'était peut-être vengé en jetant un mauvais sort à mon meilleur ami.

L'infirmière nous a priés de quitter la chambre. Elle tapotait sa montre du bout de l'index pour nous faire comprendre que les visites étaient terminées pour aujourd'hui. Notre malade méritait bien un peu de repos. Je me suis approché de son lit pour le saluer.

– Guéris vite, Fred! Je vais t'attendre pour la deuxième couche de peinture!

Ses lèvres m'ont consenti un sourire qui n'avait rien de naturel. Quelque chose le tourmentait. Il m'a fixé dans les yeux et m'a simplement dit :

– Pourrais-tu t'occuper d'Arthus? Il doit se demander pourquoi je ne suis pas près de lui.

– Bien sûr, tu peux compter sur moi!

J'ai trouvé sa réaction un peu exagérée. Arthus a l'habitude de passer de longues journées en solitaire. Fred devait être très fatigué pour s'inquiéter ainsi de son chien.

Éliane et moi sommes sortis les premiers. Le crissement de nos semelles résonnait dans le long corridor du deuxième étage. Un vieillard

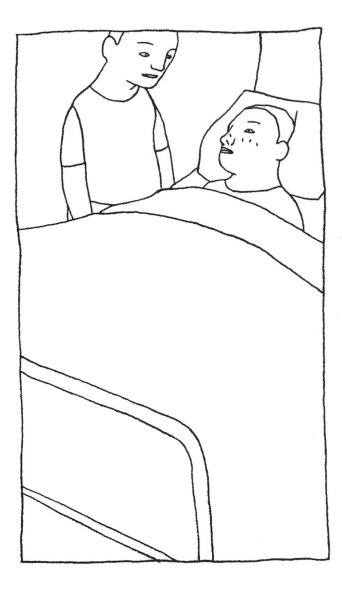

en fauteuil roulant nous a suivis du regard. Je déteste me sentir observé. Nous étions sur le point d'entrer dans l'ascenseur quand la mère de Frédéric m'a interpellé :

– Simon ?

– Oui, madame Gauthier ?

Elle a forcé le pas pour nous rattraper. La porte de l'ascenseur s'est refermée devant nous.

– Tu n'es pas au courant pour Arthus ?

Cette question a piqué ma curiosité.

– Mais de quoi parlez-vous ?

Elle a pris une grande inspiration pour mieux peser ses paroles.

– Arthus a eu un accident, ce matin. Une voiture l'a heurté de plein fouet. Nous l'avons amené chez le vétérinaire.

J'ai reculé d'un pas pour prendre appui sur le mur. Cette nouvelle m'a ébranlé. J'ai alors compris l'attitude de Frédéric. Il était très attaché à Arthus.

– Selon le vétérinaire, il repose dans un état critique. Impossible de dire s'il va s'en remettre...

Soudain, j'ai pleinement senti le danger que représentait Martin Cormier. Dans mon esprit, il n'y avait plus aucun doute. À partir de ce moment, je n'ai eu qu'une idée en tête : découvrir la vérité sur lui...

5

UNE MISSION
DANGEREUSE

JEUDI MATIN, Éliane a quitté la maison à 8 heures pour se rendre au travail. J'avais fait semblant de roupiller pour ne pas éveiller ses soupçons. Je préférais ne pas lui faire part de mon projet. Elle aurait sûrement tenté de m'en dissuader. Pis encore, j'aurais écopé d'une interdiction formelle de mettre mon plan à exécution.

Sans perdre une minute, j'ai sauté hors du lit et je me suis précipité à la fenêtre. Le soleil avait brillé toute la semaine mais, ce matin-là, il se dissimulait derrière une épaisse couche de nuages. Il pleuvait à boire debout, mais cela m'importait peu. La fourgonnette des Cormier m'intéressait davantage que le temps qu'il pouvait faire. Elle était stationnée à l'endroit habituel. Rapidement, j'ai enfilé les vêtements que j'avais portés la veille et je suis descendu à la cuisine.

J'ai ouvert l'armoire au-dessus du réfrigérateur. Ma mère y laisse toujours un double de ses clés. J'ai trouvé sans difficulté celle qui m'intéressait et je suis allé me poster au salon. Il ne me restait plus qu'à patienter. Confortablement installé sur le divan, je pouvais garder un œil sur la maison de monsieur Laforge. Les Cormier avaient rendez-vous chez le médecin. Du moins, c'est ce que Martin m'avait raconté. Aller chez un docteur et en revenir, ça prend du temps...

L'attente m'a paru interminable. Je fixais la porte de la maison voisine comme un félin épie sa proie. Je commençais à me demander si elle allait s'ouvrir. Cent fois, j'ai remis mon plan en question en me disant que c'était trop risqué. Cent fois, j'ai fini par conclure qu'il n'existait aucune autre solution. Plus question de reculer : il fallait absolument que j'éclaircisse cette affaire.

Ma patience a enfin été récompensée. La porte s'est ouverte et Martin est sorti. Un imperméable aux manches trop courtes le protégeait partiellement du mauvais temps. Ma montre indiquait 8 h 45. Le garçon est entré à toute vitesse dans la fourgonnette et s'est installé à l'arrière. Quelques secondes plus tard, Bernard et Catherine Cormier se montraient à leur tour. La pluie martelait impitoyablement le pavé.

Il y avait quelque chose de bizarre. Je me suis approché de la fenêtre pour mieux voir. L'eau qui ruisselait sur la vitre déformait mon champ de vision. Mais je n'avais pas rêvé. Monsieur Cormier ne parvenait pas à marcher seul. Il titubait et s'agrippait tant bien que mal à l'épaule de sa femme, comme le ferait un homme ivre. Un moment, j'ai cru qu'il allait s'affaler sur le sol, mais son épouse l'a retenu juste à temps. Impossible que son entorse l'ait mis dans un état pareil!

Monsieur Cormier a pris place au volant de la fourgonnette. Avec un conducteur semblable, j'aurais refusé de monter... Le véhicule est sorti de la cour en marche arrière et a disparu au bout de la rue.

Huit heures 52. La voie était libre... Il fallait maintenant passer à l'action. Mon cœur battait à tout rompre. L'idée de me faire surprendre dans la maison de monsieur Laforge me donnait des sueurs froides. J'ai enfilé mon coupe-vent et j'ai pris ce qui me restait de courage pour me lancer sous le déluge.

Après avoir piqué un sprint digne d'un athlète olympique, je me suis retrouvé devant la résidence de mon voisin. Il fallait agir rapidement. L'énervement me rendait malhabile. J'ai eu toutes les peines du monde à introduire la clé dans la serrure. Avant d'entrer, j'ai lancé un dernier regard autour de moi afin de m'assurer que personne ne m'avait remarqué. La rue avait pris l'allure d'un village abandonné. Au fond, cette journée pluvieuse jouait en ma faveur.

Huit heures 57. J'ai suspendu mon manteau à un crochet et j'ai retiré mes chaussures pour éviter de salir le parquet. Pas question de laisser de traces ! Mon exploration a commencé par la pièce que je préfère : le salon. C'est un véritable musée de la civilisation. En entrant, on est surpris par les masques africains qui décorent le mur du fond. On avance un peu et on aperçoit un magnifique vase chinois dans le coin de la pièce. Au centre, une table en bambou repose sur un tapis indien vivement coloré. Toutefois, ce qui m'impressionne le plus, c'est la bibliothèque ! Elle se dresse sur toute la hauteur du mur, et il faut monter sur une petite échelle pour atteindre certains livres. Je ne les ai jamais comptés, mais il y en a sûrement plusieurs centaines.

Malheureusement, je n'ai rien déniché dans le salon qui ait appartenu aux Cormier. À l'exception, peut-être, d'un bouquin qui traînait sur la table. J'ai pris temps de l'examiner. Il traitait d'informatique. Éliane m'avait signalé que monsieur Cormier gagnait sa vie en programmant des logiciels. C'est en tournant les pages que je suis tombé sur un papier jauni qui ressemblait à un message :

« Huit février. Salut Bernard, ne m'attends pas ce soir, nous mangeons dans un restaurant du Vieux Québec. Nous fêtons l'anniversaire du directeur de la caisse. »
Catherine.

Perplexe, j'ai relu le papier à plusieurs reprises. Rédigé en hiver, ce message donnait l'impression que les Cormier habitaient la région depuis longtemps. Pourtant, monsieur Cormier nous avait mentionné qu'il voyait la ville de Québec pour la première fois. Peut-être avait-il menti... Un autre détail a attiré mon attention. L'adresse de la caisse populaire de Loretteville était imprimée sur le billet. Tout laissait croire que madame Cormier travaillait à cet endroit, situé en banlieue de Québec. Un peu surprenant, vu son handicap...

Neuf heures 10. J'ai remis le livre sur la table et je me suis dirigé vers les chambres, au bout du corridor. J'ai commencé par visiter celle de Martin. Aussitôt entré, j'ai constaté le grand désordre qui y régnait. Le lit défait trônait au milieu des vêtements éparpillés sur le sol. Une grosse boîte avait été déposée sur la commode. Je l'ai ouverte : il s'agissait de la collection de pierres. Elles étaient toutes méticuleusement rangées dans de petits compartiments cloisonnés. Une étiquette accompagnant chacune d'elles fournissait différentes informations : type de minerai, lieu, date. J'ai eu l'idée d'en examiner plusieurs. Au moins la moitié des cailloux avaient été ramassés à Loretteville...

Neuf heures 22. Un bruit de moteur a brisé le silence. Pris de panique, j'ai refermé la boîte illico et j'ai bondi à la fenêtre. La fourgonnette était déjà de retour ! Sans prendre le temps de réfléchir, j'ai couru jusqu'à l'entrée pour verrouiller la porte, j'ai saisi mes espadrilles et je me suis dirigé vers l'autre entrée située à l'arrière de la maison. Je suis sorti sans me chausser et je me suis faufilé discrètement à travers les arbustes. Ensuite, j'ai galopé jusque chez moi, tel un cheval enragé.

Je suis monté immédiatement dans ma chambre et je me suis étendu sur le lit. J'avais besoin de reprendre mes esprits. J'avais l'impression que mes poumons s'étaient enflammés. Écorchés, mes pieds revendiquaient un répit bien mérité. Malgré tout, j'avais eu de la veine. Les Cormier ne m'avaient pas vu, j'en

étais sûr. Et même si mon aventure s'était terminée en queue de poisson, j'avais réussi à trouver quelques indices intéressants.

J'avais cependant commis une erreur. Une grave erreur. J'avais oublié mon coupe-vent dans le hall d'entrée, avec mon portefeuille dans une poche !

6  SIMON JOUE AU DÉTECTIVE

C HOSE CERTAINE, le métier de cambrioleur n'est pas fait pour moi. Entrer par effraction dans une propriété privée demande beaucoup trop de sang-froid. Je ne crois pas avoir les nerfs assez solides pour répéter un tel exploit. Une demi-heure après mon retour, je commençais tout juste à me calmer.

Je suis sorti et j'ai marché rapidement jusqu'à l'arrêt d'autobus le plus proche. J'ai patienté longtemps sous la pluie. Le ciel ne semblait pas vouloir s'éclaircir. Finalement, un autobus s'est arrêté à quelques mètres de moi. Je suis monté en saluant le chauffeur.

– Bonjour, vous allez bien à Loretteville? ai-je demandé en fouillant dans ma poche pour trouver de la monnaie.

– Oui, mon garçon! m'a répondu l'homme en uniforme.

Contrairement à mon habitude, j'ai choisi de prendre place à l'avant, car je voulais l'interroger. Il fredonnait une chanson des Beatles en écoutant la radio ; les essuie-glaces battaient la mesure. Je n'ai pas osé l'interrompre. À la fin du dernier couplet, j'ai fait mine de m'éclaircir la voix pour attirer son attention.

– Hum... Passez-vous près de la caisse populaire ?

– Oui, mon garçon !

– Pourriez-vous me faire signe quand nous serons rendus là ?

– Oui, mon garçon !

Je me suis demandé s'il savait dire autre chose. Je l'imaginais avec une grosse tête de perroquet. À tous les coins de rue, il saluait quelqu'un de la main et poussait des éclats de rire qui résonnaient jusqu'au fond de l'autobus. On aurait dit qu'il connaissait tout le monde.

Les arbres et les maisons défilaient devant mes yeux à vive allure. Le paysage n'a pas retenu mon attention très longtemps. J'étais trop préoccupé. Je pensais à Frédéric et à son chien. Ils ne méritaient pas ce qui leur arrivait. La voix perçante de mon perroquet m'a brusquement ramené à la réalité.

– Terminus, mon garçon !

J'ai regardé à l'extérieur : la caisse populaire de Loretteville se dressait devant moi. J'ai remercié le chauffeur et je me suis empressé de descendre.

Je suis resté un long moment sur le trottoir à contempler la façade de l'établissement. Mon corps tremblait de nervosité. Je m'engageais peut-être sur une fausse piste, mais je n'avais rien à perdre. Du moins, j'essayais de m'en convaincre...

Après avoir rassemblé mon courage, je suis entré et me suis dirigé vers le comptoir des informations. Une préposée au visage souriant a laissé de côté sa paperasse et m'a accueilli :

– Bonjour, qu'est-ce que je peux faire pour toi ?

– Je cherche une personne qui se nomme Catherine Cormier. Je crois qu'elle travaille ici.

– Désolé, ce nom ne me dit rien. Tu dois faire erreur.

Cette réponse ne m'a pas étonné. Catherine ne portait probablement pas le nom de son mari. J'ai donc insisté :

– Il n'y a aucune Catherine parmi les employées ?

Cette fois, elle a réfléchi un peu plus avant de répondre.

– Oui, une de nos caissières s'appelle Catherine Godbout. Seulement tu ne la trouveras pas ici. Elle a pris un congé sans solde.

Enfin, mes efforts aboutissaient à quelque chose. J'avais de la peine à cacher ma satisfaction. Intérieurement, je me répétais : « Garde ton calme, Simon ! »

– Pourriez-vous me dire où elle habite ?

– Elle est partie sans laisser d'adresse.

Son sourire avait disparu. Je la dévisageais d'un air interrogateur. Elle a baissé le regard avant de poursuivre :

– Tu as dû remarquer la maison en ruine, au bout de la rue. C'est là que Catherine habitait. L'incendie a eu lieu la semaine dernière.

Elle a fait une pause, le temps d'avaler sa salive. J'ai compris que ces événements l'avaient bouleversée.

– Les flammes ont tout détruit.

Cette information m'a estomaqué. Décidément, les Cormier semblaient attirer la malchance. Ils nous avaient menti, et j'avais bien l'intention d'en découvrir les raisons.

Je me suis mis en route, malgré le temps qui avait réussi à m'exaspérer. En général, la pluie ne me dérange pas, mais cette fois, je regrettais mon coupe-vent...

Dix minutes plus tard, je me retrouvais sur les lieux de l'incendie. Découvrir quelque chose dans ce tas de cendres aurait relevé du miracle. Curieusement, les deux maisons voisines étaient intactes. Un peu plus loin, de l'autre côté de la rue, j'avais noté la présence d'un dépanneur. Ma dernière chance d'obtenir d'autres renseignements.

Un carillon a annoncé mon arrivée. Une forte odeur de cigare empestait les lieux. J'ai identifié le coupable sans difficulté : un homme bedonnant, debout derrière une caisse enregistreuse. Ses lunettes déformaient son regard. Je me suis approché du comptoir pour me choisir une tablette de chocolat. À l'extrême droite, devant l'étalage de journaux, une fille aux cheveux roux avait le nez plongé dans une revue.

– Bonjour, monsieur !

– Quelle idée de se balader sous la pluie sans imperméable ! Tu vas prendre froid et tu l'auras bien mérité !

Je déteste me faire critiquer par un inconnu. J'ai eu envie de lui dire : « Ce n'est pas de vos oignons ! » Je me suis contenté de déposer mon chocolat sur le comptoir.

– Combien je vous dois ?

– Quatre-vingt-quinze cents.

– Ça fait longtemps qu'elle a brûlé, la maison d'en face ? ai-je demandé en glissant un huard vers lui.

La fille qui lisait des bandes dessinées a levé la tête.

– Elle a flambé lundi dernier, m'a répondu l'homme. Tout un spectacle ! J'étais ici quand les pompiers sont arrivés. Ils en ont bavé, tu peux me croire ! Il y en a même un qui a été blessé. Tu n'habites pas dans le quartier, vrai ?

J'ai fait signe que non. Il a sorti un journal qu'il gardait sous le comptoir.

– Regarde-moi ça !

À en juger par la photographie de la première page, l'événement avait attiré beaucoup de curieux. Les flammes avaient littéralement dévoré la maison. Le toit s'était écroulé. Juste au-dessus, on pouvait lire en grosses lettres :

POMPIER BLESSÉ
DANS UN INCENDIE
À L'ORIGINE MYSTÉRIEUSE

– Vous les connaissiez ?

– Pas beaucoup. En fait, je connaissais surtout Martin, leur jeune garçon. Il venait souvent au dépanneur.

Le cigare entre les dents, il a remonté ses pantalons avant de retourner mettre de l'ordre dans ses étalages. C'était une façon subtile de me faire comprendre que j'avais posé assez de questions. Pas très sympathique.

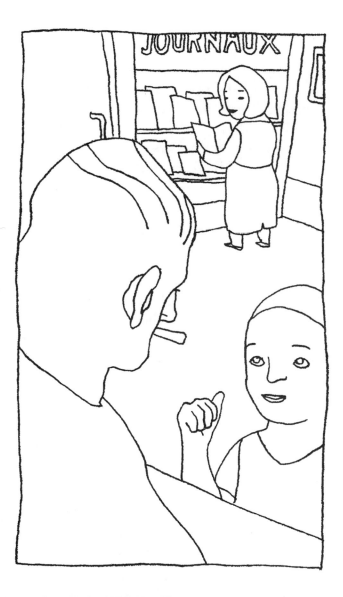

J'étais content de me retrouver à l'extérieur. Pour respirer! Je m'apprêtais à traverser la rue quand le carillon du dépanneur a retenti. La fille aux cheveux roux marchait dans ma direction.

– Hé! Attends.

Je me suis tourné vers elle.

– J'ai écouté ce que tu disais au bonhomme Sacoche.

– Bonhomme Sacoche?

– Tout le monde l'appelle comme ça. J'ai vu que tu t'intéressais à la maison qui a brûlé. Tu connais Martin?

– Oui, pourquoi?

– C'est mon cousin. Depuis une semaine, nous sommes sans nouvelles de lui.

Elle cachait ses mains dans les poches de son imperméable et se tenait devant moi, les jambes croisées. Elle m'a fait penser à Arthus.

Je lui ai raconté tous les événements qui s'étaient déroulés depuis trois jours. Curieusement, mon récit ne semblait pas l'étonner.

– Depuis vendredi, une rumeur circule dans le quartier. Il ne s'agit pas d'un ragot, j'en suis convaincue.

La rouquine avait cessé de parler. Je mourais d'envie de connaître la suite, et elle prenait un malin plaisir à me laisser languir.

– Et en quoi consiste cette rumeur?

– Les gens disent que les Cormier ont été envoûtés au cours de leur voyage à Hawaï. Ils ont des problèmes depuis qu'ils sont revenus.

Au départ, j'ai trouvé l'idée farfelue. Mais peu à peu, je me suis mis à y croire.

– Après leur retour, mon oncle Bernard s'est mis à souffrir le martyre. L'arthrite rongeait ses articulations. Quant à ma tante, elle a perdu la raison et a dû abandonner son emploi.

– Crois-tu vraiment que leur maison a brûlé sous l'effet du mauvais sort?

– Aucun doute là-dessus! Les pompiers n'ont jamais réussi à éteindre les flammes. Tu trouves ça normal, toi? Alors je te donne un conseil : ne t'approche pas de cette famille, car tu pourrais le regretter...

Elle a resserré les courroies de son sac à dos et s'est dirigée vers son scooter, stationné près du dépanneur. Je l'ai suivie, espérant en apprendre plus.

– Écoute... heu...

– Suzie! C'est mon nom.

– Moi, je m'appelle Simon. Il faut absolument que tu me dises tout ce que tu sais au sujet des Cormier. C'est très important pour moi.

– Je n'ai plus rien à dire. Si tu veux en savoir plus long, va voir la Femme-aux-chats...

Elle avait déjà enfoncé son casque sur son crâne et s'apprêtait à mettre son véhicule en marche.

– Qui est cette femme?

– C'est une vieille gitane qui s'est établie dans la région, il y a plusieurs années. Elle s'amuse à prédire l'avenir. Les histoires de sorcellerie, elle connaît ça.

– Tu crois qu'elle accepterait de me parler?

– Comment veux-tu que je le sache? Elle vit comme un ermite!

Le moteur du scooter ronronnait. Je n'avais pas envie que Suzie me file entre les doigts. Cette fille pouvait sûrement m'aider. J'ai posé ma main sur son bras pour la retenir.

– Suzie, peux-tu m'accompagner chez cette diseuse de bonne aventure?

– Ça, pas question. Elle n'a pas très bonne réputation.

– Tu ne veux pas aider ton cousin?

Elle n'a pas répondu à ma question. Elle m'a expliqué comment me rendre chez la Femme-aux-chats et m'a souhaité bonne chance. J'en aurais besoin, comme elle l'a si bien souligné. Ce n'était pas pour me rassurer. Elle a disparu dans la ruelle qui longeait le dépanneur.

Pendant quelques minutes, je suis resté figé, encore étourdi par cette nuée d'informations. La Femme-aux-chats. Je me demandais bien d'où venait ce nom. J'avais oublié de poser la question à Suzie. Puis je me suis mis à marcher vers l'arrêt d'autobus. L'idée de rencontrer ce personnage mystérieux ne me souriait guère, mais je ne pouvais pas me résigner à abandonner mon enquête. J'ai attendu environ dix minutes avant de voir surgir l'autobus au coin de la rue. Au même instant, un scooter a surgi dans la ruelle. Suzie rappliquait! Elle s'est approchée de moi.

– Tiens, mets ce casque, nous n'avons pas de temps à perdre!

7 LA FEMME-  AUX-CHATS

NOUS AVONS ROULÉ environ vingt minutes. Mon casque ballottait et je devais le tenir d'une main. Par bonheur, la pluie avait cessé. Mon bras droit enlaçait la taille de ma conductrice. Cette petite balade m'a fait oublier mes soucis pour un instant.

Le scooter a ralenti sa course et s'est arrêté devant une vieille maison.

– Elle habite ici.

– Tu en es certaine?

– Oui. Je tiens cette information d'une de mes amies. Elle dit que sa mère vient souvent se faire tirer les cartes.

Nous avons laissé la petite moto sur le trottoir. Une clôture délabrée entourait un vaste terrain parsemé d'arbres centenaires. L'état de la pelouse et des plates-bandes laissait croire qu'on avait abandonné la propriété. Du haut de ses trois étages, la maison semblait nous mettre en garde contre un danger qui planerait sur nos têtes.

– Penses-tu vraiment qu'elle vit seule dans ce château en décrépitude?

– Non, elle le partage avec ses chats.

– Ses chats? ai-je répété. Combien en a-t-elle?

– Ça, personne ne le sait. Au moins une dizaine. Les gens racontent qu'elle sort la nuit pour se promener dans la ville, et que les chats abandonnent leur foyer pour la suivre.

Cette diseuse de bonne aventure m'intriguait. Il fallait une certaine dose de bravoure pour s'aventurer chez une femme aussi mystérieuse. Seul, j'aurais probablement rebroussé chemin...

J'ai frappé plusieurs fois à la porte, sans succès.

– Cogne plus fort, elle est peut-être sourde, m'a suggéré Suzie.

Toc! Toc! Toc! Cette fois, je me suis écorché les jointures. J'ai cru qu'elle ne répondrait jamais. Nous étions sur le point de tout laisser tomber lorsqu'une voix enrouée nous a fait sursauter :

– Est-ce moi que vous cherchez?

La surprise nous a cloué le bec. Nous nous sommes vivement retournés. La Femme-aux-chats se tenait debout près de la clôture. Un vieux manteau, un chapeau de paille et des gants lui donnaient l'apparence d'un épouvantail.

– Tu as vu ça? m'a chuchoté Suzie.

J'ai hoché la tête en guise de réponse. Un spectacle des plus inusités se déroulait sous nos yeux. Des dizaines d'oiseaux se perchaient sur ses épaules et sur ses bras. Les volatiles se chamaillaient autour d'une boîte qu'elle tenait dans la main et qui contenait probablement de la nourriture.

La Femme-aux-chats s'approchait doucement. Elle nous regardait bien en face.

– Je peux faire quelque chose pour vous?

Elle se trouvait maintenant à quelques pas de nous. Les oiseaux se sont envolés pour aller se réfugier sur un peuplier. Elle a refermé la boîte délicatement, comme on referme un coffre à bijoux. Sa peau foncée ressemblait à celle d'une Amérindienne. Les rides profondes qui ravageaient son visage témoignaient de son âge avancé. Suzie avait pris ma main. J'ai rassemblé tout mon courage pour lui adresser la parole :

– Vous êtes... la Femme-aux-chats?

La vieille femme s'est débarrassée de son accoutrement. Elle portait maintenant une robe qui la rendait déjà beaucoup plus sympathique.

– En effet, c'est comme ça que les gens me surnomment.

– Il y a longtemps que vous habitez ici? a demandé Suzie.

– Je ne compte plus les années! J'ai voyagé une bonne partie de ma vie, puis j'ai rencontré un marin canadien. Nous nous sommes mariés en 1954 et nous avons acheté cette maison. Mais je vis seule depuis belle lurette!

En fin de compte, cette femme me paraissait inoffensive. Elle nous accueillait avec gentillesse. Ma peur a laissé place à une curiosité tempérée par la timidité.

– Comment faites-vous pour attirer les oiseaux de cette façon?

– Bien des gens se posent la même question. Dans le quartier, tout le monde me redoute comme si j'avais la peste. Pourtant, ils n'ont rien à craindre de moi. Venez, je vais vous montrer quelque chose.

Nous l'avons suivie derrière la maison. Elle nous a expliqué comment elle avait apprivoisé des dizaines de mésanges en installant un épouvantail qui tenait une boîte pleine de graines dans la main.

– Quand les oiseaux comprennent qu'il n'existe aucun danger, ils viennent se percher sur le mannequin pour s'alimenter. Ensuite, il ne me reste qu'à enfiler les mêmes vêtements pour les attirer sur moi. Au début, ils n'osent pas s'approcher, mais leur crainte disparaît très rapidement.

Il suffisait d'y penser ! J'ai trouvé l'idée fort intéressante et je me suis promis de tenter l'expérience à la maison.

La vieille gitane nous a invités à l'intérieur. J'appréciais son hospitalité, mais j'étais tout de même réticent à entrer chez elle. Après tout, nous la connaissions à peine. J'ai lancé un regard interrogateur vers Suzie. Même si elle semblait partager mon appréhension, elle m'a fait comprendre qu'elle me suivrait volontiers. C'était peut-être ma seule chance d'en apprendre davantage sur Hawaï et ses sortilèges.

Nous sommes entrés par la porte arrière qui donnait sur un immense vestibule. Deux chats se sont précipités vers nous pour se faire caresser. Du fond de la pièce, un troisième nous observait sans broncher.

– Vous en avez plusieurs ? s'est informée Suzie en s'agenouillant pour les amadouer.

– J'en ai quatre : Freud, Myrtille, Centaure et Petit. Mais ne cherchez pas Myrtille, elle doit se cacher au fond d'un placard. Elle a une peur maladive des étrangers. Elle se comporte de cette façon depuis le jour où je l'ai trouvée, abandonnée dans la rue.

Manifestement, ces chatons ne manquaient de rien. La gitane les traitait comme ses enfants.

Nous nous sommes dirigés vers la cuisine. La vieille dame se déplaçait à pas de tortue. Le plancher craquait sous nos pieds. De l'intérieur, la maison paraissait encore plus grande. Notre hôtesse nous a servi une limonade, et nous avons pris place autour de la table.

– Alors, qu'est-ce qui vous amène chez moi?

– Heu... Nous sommes venus vous demander conseil...

Elle attendait la suite en silence. Je lui ai raconté dans le menu détail tout ce qui s'était passé depuis l'arrivée des Cormier. Elle suivait mon récit en hochant la tête. Quand je lui ai parlé de la pierre qu'Arthus avait égratignée, j'ai senti redoubler son intérêt. Elle s'est redressée sur sa chaise et m'a considéré avec la plus grande attention. Elle m'a prié de lui en faire une description détaillée : forme, couleur, texture. Je ne voyais pas où elle voulait en venir. Elle réfléchissait en faisant tourner sa bague de fiançailles entre ses doigts.

– Hum... Cette pierre...

La vieille gitane était absorbée dans ses pensées. Elle semblait même avoir oublié notre

présence. Après un silence qui nous a paru interminable, elle a simplement dit :

– Attendez-moi ici, je vais chercher quelque chose.

Elle s'est absentée un court instant et est revenue avec un gros bouquin intitulé : *Les Mystères du triangle polynésien*. À en juger par la poussière accumulée sur la couverture, ce livre n'avait pas été ouvert depuis un bon bout de temps.

Elle s'est mise à tourner les pages lentement. Ses gestes ne trahissaient aucun énervement. Cette femme exerçait sur moi une espèce de fascination. J'étais incapable de la quitter des yeux.

– Voilà ! s'est-elle exclamée, triomphante.

Nous nous sommes approchés pour mieux voir ce qu'elle voulait nous montrer. Il y avait là une photographie d'un immense volcan, le Mauna Loa, situé sur une des îles de l'archipel Hawaï.

La Femme-aux-chats nous a lu quelques lignes à haute voix : « C'est à Hawaï que sévissent, plus que partout ailleurs, maléfices et sorcelleries en tous genres. Une croyance locale veut qu'une terrible déesse, Pelé, règne sur le volcan sacré de Mauna Loa. »

Mes cheveux se sont dressés sur ma tête !

La déesse Pelé... J'avais entendu cela quelque part.

– Madame Cormier a prononcé ce nom le jour où Frédéric et moi l'avons surprise en train de délirer, j'en suis certain! Elle suppliait la déesse Pelé de mettre fin à leurs souffrances.

– Nous sommes sur une bonne piste! s'est exclamée Suzie, visiblement excitée.

La Femme-aux-chats n'a fait aucun commentaire. Elle s'est contentée de poursuivre sa lecture : «En dépit des avertissements des autochtones, plusieurs touristes ont ramassé des pierres près du cratère, comme souvenirs. Aucun d'entre eux ne prêtait la moindre attention aux prétendues malédictions qui planaient sur les profanateurs de ces lieux. Ils ont payé cher leur imprudence.»

Le livre relatait l'histoire d'une famille qui avait rapporté des cailloux du Mauna Loa en souvenir. Les pauvres vacanciers avaient été victimes d'accidents innombrables. Désemparé, le père avait même perdu son emploi.

Jamais je n'aurais pensé que de simples cailloux pouvaient engendrer de telles tragédies. Ainsi, Martin était innocent. Il n'avait rien à voir avec la maladie de mon ami et l'accident de son chien. Je m'imaginais en train de raconter ça à Frédéric. Autant essayer de vendre un réfrigérateur à des Esquimaux!

– J'espère que tu n'as pas touché à ce caillou? m'a dit la gitane.

– Bien sûr que non! ai-je répondu, sans réfléchir.

Puis, je me suis rendu compte que j'avais peut-être manipulé la pierre ensorcelée en fouillant dans la collection de Martin. Cette idée m'a terrifié. J'ai fermé les yeux pour mieux me concentrer, mais je n'arrivais pas à me souvenir de la scène avec précision.

Suzie semblait partager mon inquiétude. Son regard débordait de compassion.

– Qu'est-ce qu'on fait, maintenant?

– Vous n'avez pas le choix, a répondu la Femme-aux-chats.

Elle a marqué une pose, pour mieux peser ses paroles. Suzie et moi étions suspendus à ses lèvres.

– Vous devez trouver un moyen de rendre les pierres au Mauna Loa. C'est probablement la seule façon de calmer la colère de la déesse Pelé. Vous pourriez peut-être les poster à quelqu'un qui les replacerait sur le volcan.

J'étais encore trop ébranlé pour me faire une idée. Qu'allait-il m'arriver? Je pouvais mourir d'une minute à l'autre...

Suzie m'a suggéré d'aller retrouver Martin.

– Ne perdez pas de temps! s'est exclamée la gitane. Partez maintenant!

La Femme-aux-chats prenait la situation très au sérieux. Elle nous a reconduits vers la sortie et nous a littéralement mis à la porte. Nous n'avons même pas pu la remercier...

Suzie a insisté pour m'accompagner chez moi en scooter. J'étais assommé par ce que je venais d'apprendre. Je me suis laissé bercer par le ronronnement du moteur.

8 COURAGE, MARTIN !

Nous sommes arrivés chez moi vers 16 heures. Le soleil brillait de tous ses rayons. Encore humide, mon gilet me collait à la peau. Inutile de préciser que j'avais hâte de m'en débarrasser. Suzie a éteint le moteur de sa bécane et a glissé la clé dans sa veste.

Quelqu'un avait déposé un sac devant la porte. Je l'ai ramassé du bout des doigts.

– Mon coupe-vent !

Mon regard s'est instinctivement tourné vers la maison de monsieur Laforge. Pas de fourgonnette. D'un geste fébrile, j'ai tâté la poche intérieure du manteau. Mon portefeuille ne s'était pas volatilisé. Cette constatation m'a soulagé.

– Regarde, Simon, il y a quelque chose au fond du sac !

Suzie avait trouvé un message qui m'était adressé :

« Simon, tu as oublié ton coupe-vent. Je ne sais pas ce que tu es venu faire chez nous, mais tu as de la chance que je l'aie trouvé avant mon père. »

Martin

– Quelle délicatesse de sa part ! Il a voulu t'éviter des ennuis !

Effectivement, j'étais plutôt soulagé de retrouver mon coupe-vent sans avoir à fournir d'explications à monsieur Cormier. Martin me rendait là un service que j'appréciais énormément. Je l'avais jugé beaucoup trop sévèrement. En définitive, c'était un gars au grand cœur, victime d'un mauvais sort.

Nous sommes entrés et je suis monté me changer. Suzie en a profité pour satisfaire sa curiosité. Elle a fait le tour du rez-de-chaussée et s'est arrêtée devant une toile suspendue au mur du salon.

– Tu t'intéresses à la peinture ? lui ai-je demandé en descendant l'escalier.

– Non, j'examinais le ketch.

– Le quoi ?

– Le ketch : K-E-T-C-H. C'est le nom qu'on donne à certains voiliers qui ont deux mâts.

Je me suis approché pour regarder le tableau avec elle. Je passais devant cette toile tous les jours et je n'avais jamais remarqué le minuscule bateau situé à l'arrière-plan.

– Tu aimes les voiliers ?

Au moment où j'ai prononcé cette phrase, son visage s'est illuminé comme si j'avais éveillé une passion en elle.

– Je fais de la voile avec mes parents depuis que je suis haute comme trois pommes. J'ai appris à barrer un bateau avant de faire de la bicyclette.

J'aurais aimé bavarder plus longtemps avec Suzie, mais il y avait des choses beaucoup plus urgentes à régler. Depuis notre rencontre avec la Femme-aux-chats, mon anxiété n'avait pas cessé d'augmenter.

– Bon. Il faut chercher Martin maintenant. On ferait mieux de se dépêcher.

– Penses-tu que nous le trouverons chez lui ?

– J'en doute. En arrivant, j'ai remarqué que la fourgonnette des Cormier n'était pas dans le stationnement.

– Il ne faut pas sauter aux conclusions. Il est peut-être seul à la maison.

Suzie avait raison. Sans un mot de plus, nous avons couru jusque chez monsieur Laforge. Malgré notre acharnement à cogner et à sonner, personne n'a répondu. Cette fois, la chance nous avait laissé tomber. Les Cormier risquaient d'avoir de sérieux problèmes.

– On devrait peut-être alerter la police, m'a suggéré Suzie.

Même si cette proposition était pleine de sagesse, je me voyais mal en train de rapporter cette histoire abracadabrante à un agent de la sûreté municipale. Et j'avais une autre idée en tête...

– Il reste une dernière possibilité : le repère. Je sais que Martin aime beaucoup cet endroit. Nous devrions aller y jeter un coup d'œil.

Suzie m'a approuvé et nous sommes partis sans tarder. J'aurais préféré le faire dans des circonstances différentes, mais j'éprouvais quand même une grande fierté à lui montrer notre cabane.

Quand nous sommes arrivés au repère, Martin se reposait, adossé contre le tronc du gros érable. Il mordillait distraitement un brin d'herbe. J'ai tout de suite remarqué la boîte de carton sur laquelle il s'accoudait : sa collection de pierres. Un frisson m'a parcouru l'échine. Je me revoyais en train de fouiller dans cette boîte chez monsieur Laforge. J'avais probablement touché à la pierre ensorcelée...

En nous voyant arriver, Martin a retiré ses écouteurs et a fermé son baladeur.

– Suzie! Mais que fais-tu ici?

– Il faut qu'on se parle, a répondu ma nouvelle amie.

– Vous vous connaissez depuis quand, tous les deux?

– Nous en discuterons plus tard. Pour l'instant, nous avons des informations extrêmement importantes à te communiquer.

Martin s'est levé et m'a dévisagé en fronçant les sourcils. J'ai cru qu'il allait piquer une colère noire.

– Tu veux me raconter tes exploits de cambrioleur? m'a-t-il lancé de façon sarcastique.

J'ai baissé les yeux, gêné par ses accusations. Évidemment, je devais m'y attendre. Il était en droit d'exiger des explications.

– Je ne suis pas entré chez vous pour faire du mal. Tu dois me croire. J'avais besoin de comprendre certaines choses...

Martin faisait de grands efforts pour garder son sang-froid.

– Écoute, Martin... Je sais que vous vivez des moments très difficiles...

Sa réaction s'est avérée aussi étrange qu'inattendue. Il a craché le brin d'herbe qu'il tenait encore entre ses dents et est parti en courant. Il a fait environ cinquante mètres avant de s'effondrer dans l'herbe humide.

Je l'entendais sangloter comme un enfant perdu.

Nous nous sommes approchés et Suzie s'est accroupie près de lui. Elle lui a mis une main sur l'épaule.

– Mon... mon père... Il ne va pas bien du tout...

En douceur, Suzie a réussi à le calmer. Il nous a répété ce que le médecin lui avait expliqué. Monsieur Cormier souffrait d'une arthrite sévère. Il n'était même plus capable de se servir de son ordinateur. La douleur empêchait ses doigts de travailler. Le désespoir se lisait sur le visage de Martin.

– Je ne comprends pas ce qui nous arrive. La malchance s'acharne sur nous. Nous sommes fichus.

– Ne dis pas ça, Martin. Nous pouvons t'aider. Nous avons fait des recherches et nous pensons avoir trouvé la solution à vos problèmes.

Il a aussitôt levé la tête vers moi.

– À moins d'un miracle, je ne vois pas en quoi vous pourriez m'être utiles.

– D'abord, une question : tu sais, la pierre qu'Arthus a égratignée... Veux-tu me dire où tu l'as trouvée ?

– La pierre rougeâtre ?

– Oui, celle qui brille comme un miroir.

J'attendais anxieusement sa réponse. La vie de plusieurs personnes en dépendait, y compris la mienne...

– Je l'ai rapportée de notre voyage à Hawaï.

Mon regard a croisé celui de Suzie. La gitane ne s'était pas trompée...

J'ai répété à Martin tout ce que cette femme nous avait raconté. Je parlais à une vitesse telle qu'il devait se concentrer pour ne rien manquer. Ces révélations l'ont complètement renversé. Je n'avais jamais vu quelqu'un si décontenancé.

Mais nous n'étions pas au bout de nos peines. Il fallait trouver un moyen de nous débarrasser de la pierre. Heureusement, Martin s'était fait un ami pendant son voyage à Hawaï.

– J'ai noté son adresse dans mon carnet. J'avais l'intention de correspondre avec lui. Je suis sûr qu'il acceptera de nous aider.

– Allons-y ! s'est exclamée Suzie. Il est tard, les bureaux de poste ferment dans trois quarts d'heure.

9 LA DÉESSE ISA

Nous avons couru vers le bureau de poste le plus proche. Par mesure de prudence, Martin avait manipulé lui-même la pierre. En un rien de temps, il avait trouvé une boîte pour l'emballer. Ensuite, il avait rédigé une courte lettre à l'intention de son ami polynésien. Je crois qu'il était très nerveux, car il n'arrêtait pas de parler. Il répétait sans cesse que tout ça était injuste. Le pauvre. Il nous a expliqué pourquoi son père avait décidé de mentir à tout le monde. Après l'incendie, personne n'avait accepté de les héberger. Les gens craignaient le mauvais sort. Suzie a eu l'air embarrassée. Heureusement, Martin n'a pas insisté.

– J'aimerais poster ce colis par courrier express, a-t-il balbutié au commis qui s'affairait derrière le comptoir.

L'homme a pris le paquet et l'a déposé sur une balance. Il a appuyé sur une série de

boutons avant de marmonner dans sa mous-
tache :

– Six dollars cinquante.

Nous avons vidé nos poches pour
rassembler la somme. J'ai longuement regardé
le colis que le commis avait lancé sans précau-
tion dans un bac. Notre paquet ressemblait à
tous les autres. Personne n'aurait pu soup-
çonner qu'il contenait un objet maléfique.
Notre mission était maintenant accomplie. Il
ne restait plus qu'à attendre les résultats. La
nervosité de Martin ne s'estompait pas : il
avait subi un choc, il se croyait responsable du
malheur qui s'était abattu sur sa famille. J'ai
tenté de le raisonner, mais il ne pensait qu'à
ses parents et l'inquiétude le torturait.

Nous marchions dans le parc, en face du
bureau de poste. Des gamins jouaient au
ballon. La pierre était en route pour Hawaï.
Cela aurait dû me soulager mais, au contraire,
je ne me sentais pas bien du tout. La chaleur
m'étouffait. Pas très loin de nous, il y avait une
fontaine.

– Attendez-moi, je vais prendre un peu
d'eau.

– Ça ne va pas ? s'est inquiétée Suzie.

– Je me sens un peu étourdi. Rien de grave.

Au moment où je me suis penché pour

boire, ma tête s'est mise à tourner. Je me suis accroché à la rampe pour ne pas perdre l'équilibre. J'ai inspiré profondément, à deux ou trois reprises. C'est à ce moment que j'ai entendu une voix qui semblait venir de nulle part :

– Bonjour, Simon.

Je ne voyais personne. Pourtant, une femme avait prononcé mon nom. Je me suis tourné vers mes amis. Ils avaient disparu ! Mais plus surprenant encore, il n'y avait plus de parc ! Je ne percevais plus les cris des enfants. Autour de moi, un épais brouillard m'empêchait de voir au loin.

– Suzie ? Martin ? Vous êtes là ?

– N'aie pas peur, Simon. Tu es en sécurité.

Encore cette voix. Elle était si douce et chaleureuse que je me suis senti en confiance. À quelques mètres de moi, une lumière blanche et diffuse est apparue. Un sentiment de bien-être m'a enveloppé. J'avais l'impression de flotter sur un nuage. Je regardais fixement le halo de lumière qui grandissait rapidement. En peu de temps, celui-ci m'a envahi.

– Tu es un garçon intelligent et courageux, Simon !

Cette fois, j'ai pu localiser la provenance de

cette voix qui m'attirait irrésistiblement. J'ai fait quelques pas en avant et je l'ai vue. Une femme d'une beauté éblouissante. Elle portait une longue robe blanche qui scintillait dans la lumière. Son visage dégageait une impression de paix dont je me souviendrai toujours.

– Comme vous êtes belle!

Ces mots s'étaient échappés de ma bouche. Je n'avais jamais osé en dire autant à une fille...

– Je ne suis ni belle ni laide. Les déesses n'ont pas de réalité matérielle. Ce que tu vois est une construction de ton esprit. Je suis belle parce que tu as toujours imaginé les déesses ainsi.

Ces paroles ont eu sur moi l'effet d'une bombe. Je me suis souvenu de ma conversation avec la Femme-aux-chats. La peur s'est emparée de moi.

– Vous êtes... la déesse Pelé? ai-je bredouillé.

– Ne crains rien, Simon. Je suis la déesse Isa. Je suis venue te féliciter et te remercier. Tu as sauvé la famille Cormier d'une mort certaine.

Je ne savais plus quoi penser. Toutes les émotions se mêlaient en moi comme dans un violent tourbillon. L'image de la déesse Isa disparaissait et revenait de façon imprévisible.

Par moments, son visage se transformait, et je ne la reconnaissais plus.

– La déesse Pelé existe-t-elle vraiment? ai-je demandé.

– Malheureusement, oui! Bien des gens ont péri par la cruauté de cette terrible furie. Je lutte contre elle depuis la nuit des temps. C'est un éternel combat entre le bien et le mal.

La lumière a perdu de son intensité. La déesse Isa était devenue presque invisible.

– Je dois partir, à présent. Grâce à toi, les parents de Martin guériront. Quelques semaines suffiront à les remettre sur pied.

Les Cormier allaient s'en sortir. Bien sûr, cette nouvelle me réjouissait, mais je n'oubliais pas Arthus pour autant.

– Et le chien de Frédéric?

– Il a eu un accident. On ne peut pas retourner en arrière. Sa vie ne tient qu'à un fil.

– Vous ne pouvez rien faire? ai-je supplié.

– Je ne crois pas. J'essaierai, mais je ne peux rien te promettre...

En quelques secondes, l'image de la déesse s'est évanouie, et je me suis retrouvé dans l'obscurité totale.

– Allez, réveille-toi! criait Suzie en me tapotant les joues.

J'entendais Martin qui s'énervait derrière elle :

– Il faudrait demander de l'aide !

J'ai ouvert les yeux. J'avais l'impression qu'on me sortait d'un profond sommeil. Agenouillée près de moi, Suzie pleurait d'angoisse.

– Tu nous as donné une belle frousse, Simon. Tu es tombé dans les pommes. Tu aurais pu te blesser !

Martin m'a aidé à me relever.

– Vous n'allez pas me croire...

J'ai marché quelques minutes sans dire un mot de plus. Mes deux amis me suivaient de près. J'étais encore tout bouleversé.

J'ai essayé de leur raconter l'étrange rencontre que j'avais faite, mais j'avais de la difficulté à ordonner mes idées de façon cohérente.

– C'était probablement un rêve, a conclu Martin.

– Ça m'étonnerait ! a rétorqué Suzie. Tu crois qu'on peut rêver quand on perd connaissance ?

Épilogue

LE CALME
APRÈS LA TEMPÊTE

Plusieurs semaines se sont écoulées depuis que les Cormier sont repartis à Loretteville. Nous avons eu un bel été. Un été tranquille... J'ai passé beaucoup de temps avec Suzie. Nous sommes devenus inséparables! Elle m'a présenté à ses parents, et ils m'ont initié à la navigation. Son père trouve que je me débrouille très bien sur le pont. Il m'a même proposé une petite croisière pour l'année prochaine! Une semaine aux îles de la Madeleine!

Mais comme toute bonne chose a une fin, les brises fraîches de l'automne sont venues remplacer les chaudes soirées estivales. Et les portes de l'école se sont ouvertes de nouveau. Dommage, cette année la géographie ne figure pas à mon horaire.

Martin nous a téléphoné à deux reprises depuis son départ. Sa mère se porte comme un charme et a repris son emploi à la caisse populaire. Son père a recouvré la santé et vient de signer un contrat important en informatique.

Frédéric est tout à fait remis de son opération. Seul Arthus n'a pas survécu. Pour Fred, cela a été un coup dur. Il n'est plus le même sans son chien. Madame Gauthier a bien voulu acheter un autre chien, mais Fred s'y est opposé. Il a dit qu'aucun animal ne remplacerait son Arthus.

Souvent, je pense à la déesse Isa et je l'imagine combattant la terrible Pelé. Mais, pour Arthus, il était probablement trop tard. Évidemment, Frédéric ne croit pas un traître mot de mon histoire. Il trouve que mon imagination est un peu trop fertile. Pour lui, toutes ces coïncidences ne sont que le fruit du hasard. Il est convaincu que la pierre n'avait rien à voir dans tout ça.

Un soir, nous sommes restés un peu plus tard à l'école pour achever un devoir de français. Nous avons terminé vers 19 h 30 et nous sommes rentrés à pied. Fred m'avait invité à souper. J'avais le ventre creux ! Le froid et l'obscurité nous ont incités à presser le pas.

Quand nous sommes arrivés chez Frédéric, il n'y avait personne à la maison. Ses parents étaient partis magasiner. Mon ami a cherché sa clé dans son sac. Soudain, un bruit a attiré notre attention. Une sorte de gémissement parvenait du fond de la cour. Pas de doute, il s'agissait d'une petite bête. Nous nous sommes approchés à pas feutrés. Un lampadaire éclairait faiblement le parterre, juste assez pour nous permettre de voir l'animal.

– Un chiot! s'est exclamé Frédéric. Et rien de moins qu'un épagneul breton. Mais que fait-il dans notre cour?

J'ai d'abord pensé que sa mère lui avait fait une surprise, mais j'ai tout de suite écarté cette hypothèse. Elle n'aurait jamais abandonné ainsi un animal aussi mignon. On aurait dit un petit toutou en peluche.

– Quel âge lui donnes-tu?

– Pas plus de trois mois.

Frédéric m'avait répondu évasivement. Il venait de remarquer quelque chose de particulier.

– Regarde... Ses pattes...

Dans la pénombre, je n'avais pas prêté attention à ce détail. J'ai fait un pas en avant pour mieux voir. Le chiot était assis, les pattes de devant croisées! Exactement comme Arthus! En fait, plus je l'observais, plus je trouvais qu'il lui ressemblait. Une copie conforme! Fred m'a fait signe de ne pas bouger. Il s'est accroupi devant le jeune animal.

– Arthus?

Le chiot s'est mis à remuer la queue. Frédéric n'en revenait pas. Il m'a regardé un instant, puis s'est tourné de nouveau vers le chien.

– Arthus, fais le mort!

Nous attendions sa réaction en silence. Il s'est levé. Il a fait quelques pas maladroits vers mon ami et est venu se coucher à ses pieds. Tout à fait incroyable!

– Mais... Comment... comment est-ce possible? a bafouillé Frédéric.

Je me suis contenté de hausser les épaules. Parfois, certaines questions restent sans réponse...

TABLE

L'AUTEUR

Diplômé en écologie, Mario Houle enseigne dans une école secondaire de la Côte Nord. Doté d'une imagination débordante et d'un humour très particulier, la complicité qu'il établit avec les jeunes revêt à ses yeux une grande importance. Il consacre ses loisirs à faire du jogging, à observer les oiseaux ou à gratter sa guitare. Amateur de grand air, il rêve de faire le tour du monde en voilier.

L'ILLUSTRATEUR

Né en France, Hervé Blondon a une grande passion pour les voyages, ce qui l'a d'ailleurs poussé à s'installer à Montréal pour continuer à exercer son métier d'illustrateur.

Il rêve d'avoir un atelier de travail à San Francisco.

MISE EN PAGES ET TYPOGRAPHIE:
LES ÉDITIONS DU BORÉAL

ACHEVÉ D'IMPRIMER EN OCTOBRE 1995
SUR LES PRESSES
DE L'IMPRIMERIE L'ÉCLAIREUR À BEAUCEVILLE, QUÉBEC.